Recueil de poèmes 2017

Poètes du Gers et d'ailleurs

Préface

En vers et contre tout, *Dialoguer en poésie* continue son chemin. Prenant la suite de notre brillante présidente, devenue présidente honoraire, Mme Marie-Andrée Ricau-Hernandez, je m'efforce toujours avec votre aide et vos poèmes de continuer à faire vivre à Lectoure cette association de poésie si attachante et profonde.

Ce nouveau recueil de poèmes est l'une des traces de notre passion commune pour la poésie. Et bien entendu, nous avons mis en couverture cette année une photographie de Mme Marie-Andrée Ricau-Hernandez, décédée en 2016 : cette femme intelligente et drôle, cultivée et attachante, nous manque beaucoup, tout en étant toujours présente ; et si je me bats pour maintenir avec vous *Dialoguer en poésie,* c'est au nom de cette amitié fidèle.

Bonne lecture !

Amicalement,

Pierre Léoutre,

Votre Président

Pierre Léoutre,
président de l'association « Le 122 »,
dont « Dialoguer en Poésie » est un département autonome.

Société : Marie-Andrée Ricau-Hernandez nous a quittés

Marie-Andrée Ricau-Hernandez est décédée à Lectoure, mercredi 20 juillet 2016, dans l'après-midi, ce qui a profondément attristé ses nombreux amis. Marie-Andrée Ricau-Hernandez est née le 22 juillet 1923, à Laon. Elle a passé une partie de son enfance en Espagne, à Barcelone puis à Madrid (ce qu'elle évoque dans son livre « On peut naître une deuxième fois »). Ayant commencé le piano à 4 ans, elle a rêvé d'une carrière d'interprète, mais la mort prématurée de son père l'a obligé à rejoindre l'Éducation nationale. Agrégée d'espagnol, elle rejoint l'université de Reims et, après une thèse d'État en 1974 sur Azorin (écrivain espagnol de la génération de 98), elle dirige le département d'études hispaniques, où elle oriente ses travaux sur l'Amérique latine et le Mexique. Mariée à Sandoval (George Hernandez-Sandoval, peintre mexicain, puis français), ils rejoignent Lectoure en 1988, où elle s'intègre à la vie culturelle locale, qu'elle contribue à animer, tout en retournant à plusieurs reprises au Mexique. Attachée viscéralement à la dimension artistique (musique, peinture, littérature, poésie), imprégnée par l'Espagne puis le Mexique, cultivée et passionnée, elle aura, jusqu'au bout, de toute son énergie, animé sa vie et celle de ceux qui l'entouraient et qui lui étaient chers. Intarissable, elle était une formidable incarnation du « tourbillon de la vie ». Elle fut également la présidente de Dialoguer en poésie pendant de nombreuses années et, lorsque Pierre Léoutre reprit sa suite, elle fut nommée à l'unanimité présidente d'honneur de cette association. Ses obsèques auront lieu vendredi 29 juillet 2016, à 16 heures, à la cathédrale de Lectoure.

Marie-Andrée Ricau-Hernandez, au centre. Photo DDM

La Dépêche du Midi, 25 juillet 2016

Gérard Caillet

Absence

Serait-ce silence tout oublier de toi ?
Oh ! Je n'entends que le souvenir de ta voix !
N'est-ce qu'apparence cette image de toi ?
Oh ! Seul dans la nuit c'est ton sourire que je vois !

Ton rire me reste avec tes mots chuchotés,
Me reviennent ces quelques mots que tu m'as dits
Des sources vives et des hirondelles en été,
Des gais ruisseaux qui chantent mille mélodies.

Tu es très loin, au-delà de mon espérance,
Pourtant je t'attends sur le quai de ton retour.
Dans le son clair de ta voix j'entends ton absence,
Chanson bien triste car me manque ton amour.

Serait-ce silence tout oublier de toi ?
N'est-ce qu'apparence cette image de toi ?

Un mendiant

Les ténèbres se referment sur son ivresse
Comme une porte de placard sur sa détresse.
Seul un fil de lumière relie cet homme au monde,
Isolé dans le froid et des cartons immondes.

Brouhaha, bruits de tonnerre, sirènes stridentes,
Ville rugueuse, agitée, hostile, débordante,
Ville apeurée, assoiffée, aux recoins gluants,
Souterrains sombres, sordides boyaux puants,
Marécages d'êtres éberlués ou rampants,
Débris de solitude et d'arguments frappants,
Espaces insondables, caves de misère,
Terriers de désarroi, glauques trous du désert,
Mauvais côté du miroir de l'humanité,
Envers d'un décor tout sali de pauvreté,
Reflets pâlis dans des flaques huileuses et sales,
Mirages montés de profondeurs abyssales,
Images oubliées muées en pauvres ombres,
Douleurs des corps vains repliés dans la pénombre,
Meurtrissures de désespoir pour des cœurs vides,
Durs aboiements de chiens affamés et avides,
Regards moribonds et alanguis de détresse,
Visages exsangues et froids dans le vent sans cesse,
Cœurs brisés d'effroi et épuisés au combat,
Bouches fermées à la parole et aux débats,
Mille et mille témoins restent indifférents
À votre monde parallèle transparent.

Voyez la ville aux lumières blafardes,
Entendez les avenues aux rumeurs bavardes,
Écouter ces rires et ces éclats trompeurs,
Osez regarder cette cour sombre de peur,
Osez voir cet amas de tôles et cartons,
C'est là que vit le mendiant que nous évitons.

Lui qui ne connaît du présent que le tumulte,
Lui qui préfère oublier qu'il n'est pas inculte,
Lui qui ne voit que l'absurde de la cité,
Lui qui ne vit que dans l'abjecte saleté.
Son passé n'a pas englouti son avenir,
Car il vit de dignité et de souvenirs.

Ombres et déchirements

Un vent résolu va effacer la lande
L'ombre d'un nuage caresse les fougères
Qui ploient et se couchent sans comprendre

Le ciel soudain s'obscurcit des fouets claquent
Sur un buisson d'ajoncs des lambeaux de nuages sont accrochés
Des lambeaux d'ombres qui cachent la lumière

Je reste à contempler le désastre
Je prends un morceau d'ombre pour m'en faire un masque
Il n'y a pas de trou pour les yeux pas d'espoir

La pluie est arrivée averse de frissons
avec elle la noirceur puis le vide
la vie est suspendue à mes angoisses

Aveugle, je me sens inutile
Est-ce du sang ou de la pluie qui m'inonde
D'où vient ce vent furieux et froid

Mais pas trébuchants me conduisent vers le rivage
L'infini de l'océan brasse des algues rouges sanguinolentes
Les vagues éclaboussent les galets d'un linceul d'écume

Il serait vain de s'enfuir
Il ne faut pas pardonner au tonnerre
Les galets grondent sous la tourmente

les pierres sont froides sous mes pieds
Froides et mouvantes et glissantes
Comme le tombeau ou vacille L'Humanité tout entière

L'océan agité n'est pas assez vaste
pour contenir toute la fureur des hommes
J'ai perdu mon reflet dans le miroir brisé

je cherche ce qu'il y a de l'autre côté Du temps compressé.
Mon image a disparu avec elle mes illusions
Le monde se vautre dans ses erreurs

Des monstres se nourrissent d'innocents
La lumière est blessée
L'océan ne contient plus sa fureur

Je vais perdre l'équilibre sur ces galets mouvants
les galets survivront à l'humanité
mais c'est la mère qui aura le dernier mot

Le 14 novembre 2015
Hier était un cauchemar

El' Mehdi Chaïbeddera

Village aux fourmis

Au Village an-nmâl*
Ou bien au Village an-nmâr*
Sidi Benhâdji
Saint avoisinant plus haut
Et la mer en bas partout

Village aux fourmis
Ou Territoire du tigre
Le feu aux finales
Du pullulement liquide
Au rauquement unitaire

* An-nmâl, de nemla, fourmi en arabe.
* An-nmâr, tigre en arabe.

Filâdj-an-nmâl (Village aux fourmis) étonnante appellation, induisant une péjoration à laquelle on finit par s'y faire, comme si allant de soi. Enfant, j'avais entendu ça, chez mes grands-parents comme s'il s'agissait d'une étrange fourmilière en dehors de la ville, sans savoir que cela sédimentait en moi et qu'un jour, mon pas retapissant la ville, ranimerait en moi ce questionnement tardif, au gré d'un frais compagnonnage.

Au fil de ma promenade, des figures de fourmis me frappent par vagues : la fourmi prévoyante et studieuse du Kitab Al-Hayawân (Livre des Animaux) de Jâhiz.

La fourmi besogneuse et austère des contes africains ou chinois, celle des Fables Ibn Al-Mouqaffa' et de La Fontaine.

L'infatuée fourmi de Léon Tolstoï : « L'orgueil de son travail rend, non seulement la fourmi, mais l'homme cruel. »

La forte fourmi du robuste Stendhal : « J'aime la force, et la force que j'aime, une fourmi peut en montrer autant qu'un éléphant. »

Et, la fourmi effarouchée du Bestiaire sacré du Coran dont la sourate 27 porte le nom (La Sourate des Fourmis) où les versets 17 et 18 disent : « Les troupes de Salomon formées de Djinns, de Mortels et d'Oiseaux furent rassemblées devant lui (elles se mirent en marche). Quand, enfin, elles arrivèrent à la Vallée des fourmis, une fourmi dit : « entrez, fourmis, dans vos demeures de peur que Salomon et ses troupes ne vous écrasent sans le savoir. »

Mais aussi, cette fabuleuse parabole d'un savant musulman sur l'Omniscience divine à propos du Chirk el sâghîr, le petit associationnisme qui saisit l'être industrieux en s'insinuant dans son cœur par le biais de l'aveuglante satisfaction de soi : « Le Seigneur connaît le trotter menu de la fourmi noire sur la pierre dure dans la nuit très noire. » Passant en proverbe sous sa variante « Une fourmi noire, sur une pierre noire, dans une nuit noire. »

Aussitôt, fulgure en moi, Vivace, inattendue, cette corrélation des chiffres 27, le numéro d'ordre de la sourate des Fourmis et celui du code postal de la Wilaya de Mostaganem.

Et cette pensée que dans l'antique Mostaganem, la mer devait arriver jusqu'à cet endroit, lieu-dit devenant, que corroborerait, si je me laissais davantage vaguer en songerie, ce proverbe Thaï « Quand l'eau baisse, les fourmis mangent les poissons ; quand l'eau monte, les poissons mangent les fourmis. »

Comme aussi, l'idée d'une probable erreur dans la restitution de la liquide finale, L. au lieu de R. donnant le pluriel an-nmâl (les fourmis) à la place du singulier an-nmâr (le tigre) qui consacrerait le site comme territoire d'un fauve farouche, d'un veilleur vaillant ou d'un saint insigne, à une ère ancienne.

Et ce dit chinois qui me fait penser à l'Aïn Sefra, l'Oued jaune divisant la ville, jusqu'au littoral, lors même qu'il n'est plus qu'un sibilant souvenir : « Ce qui est difficile quand on chevauche un tigre, c'est d'en descendre. »

Ou alors encore, l'aléatoire nommer d'un fâcheux en dérive ou d'un forestier en souffrance ou d'un flâneur de fortune ou d'un fourmilier alouvi ou d'un hors venu effréné ou d'un aviné d'infini.

Scheherazade au phare

Aujourd'hui, 23 mars, premier mercredi après-midi du printemps 2016. Nous sommes, Schéhérazade et moi, à l'Exposition du 41ᵉ Printemps des Arts de Rillieux-la-Pape, se déroulant, Espace Baudelaire, à l'étage de la Médiathèque du 15 au 25 mars 2016.

-------------------- --------------------

Fauve fureteuse, Schéhérazade est partout, flânant, virevoltant, s'arrêtant ici et là, prenant certaines attitudes devant les tableaux qui l'emballent, les photos, les sculptures en cuir de vache, les figurines.
Et, la voici, qui s'attarde, se fixant, devant un tableau représentant un phare qui paraît l'intriguer.
Elle me retient : Papa, regarde, c'est un phare qui part, on dirait une fusée !
Sa réflexion-surprise me pique : On dirait bien, oui… un phare qui a marre de la mer.
Elle poursuit, m'entraînant : Tu vois papa, là, en bas, l'épaisse tache blanche, on dirait que le phare se fâche de la vague.
S'animant, comme si quelque chose en elle mouvementait le tableau : Tu vois, papa, tu vois
Je vois, en effet, me rapprochant de plus près, où son doigt désigne, fulgurant coup d'œil, la molaire d'écumes, au raz du phare molesté de vague enflammée au davier d'un coup de mer.
Temps de connivence, un silence éclôt, je la sens fleurir, floconnant, vive, légère et m'en réjouis tout bonhomme.

Soudain, s'animant de plus belle : Prends-moi en photo, là, devant ce phare qui s'arrache !

Tout son sentiment s'exprime dans son attitude, ses gestes

Je la prends en photo, devant ce phare qui décolle, violemment immobile, à son assise courroucée d'écumes.

La photo prise, Schéhérazade me retient encore : Tu vois papa, ce phare, c'est une fusée qui s'ennuie ici...

Surpris : Tu crois...

Comme si je n'avais bronché : oui le phare est fatigué, c'est une fusée, elle va là-haut (désignant le ciel), après les nuages, dans l'autre mer, là-bas, avec les étoiles.

Apostille du môle

Et, la voilà, Schéhérazade, prise en photo ci-devant, au pied du phare, l'index pointé au ciel, et, la main sur la bouche, fusée d'enfance, flambant relève, à ce phare fâché, qui en a marre, qui s'en va, écumant, outré de fixité aux houles, ogive chagrinée, dégager sa clarté de ce charivari d'ennui.

La photo nous découvre, invasive fougère. La photo fait de nous son jardin japonais qui s'effare à ce phare, Schéhérazade en aphonie heureuse, le doigt zénithal, au bel-agir d'utopie, déjà nova ---

Et le phare, son phare, ce phare, qui s'arrache des flots, prenant tout en photo, de son œil étagé, au parterre d'ici, qui nous mène bateau, nous qui sommes partis, dare-dare d'ici, phare-phare déjà.

Rillieux, jeudi 24 mars 2016.

Ech-chara, La cible.

Ech-Chara, la cible, nom d'un terrain vague à Tigditt, derrière l'École Indigène, renommée Jean-Maire, puis Mehdi Bekkhada.
Ech-Chara, du verbe arabe Châr, aux sens de faire signe, désigner, cibler.
Cette appellation locale vient de ce que l'armée française avait réquisitionné ce terrain comme champ de tir.
On y apprenait aux conscrits, notamment turcos, à s'exercer au tir sur des cibles mobiles que d'autres, cachés dans des fosses, actionnaient en se déplaçant, à des distances données et qui, une fois les tirs terminés, en émergeait pour compter les points de visée.
Ech-Chara, bivouac à l'abade, lors du débarquement de 1942, l'armée américaine, totem en bannière y avait installé ses troupes.
Il y avait un Puits, le Puits d'Ech-Chara qui, selon les mémoires, servait de réservoir de débit et de fuel, d'énergie aux anges gris.
Ech-Chara, c'était aussi un terrain de football où la cible était Goal dans un cadre d'alors avec un filet d'air pour la balle de cuir qu'il fallait loger-là, à chaude déchirure de chaussure et de joie et peut-être de rage à chaque suée froide à l'idée des ceintures déchirées sur le dos par des pères au retour.
Ech-Chara, c'était aussi un champ de ramassage, une aire de querelle, où on allait aux douilles, aux cuivres rouge et jaune, glaneurs de fruits mortels, aux pertes et « oublis ». Chaque débrouilleur courant monnayer sa trouvaille chez le ferrailleur, Qaddour Charmât pour le

coup : une place au Ciné, un lot de billes, une toupie ou un lance-pierre, l'estac pour claquer la cible.

Ech-Chara, champ de champis et de chercheurs, rêvant de Chili rouge et de gerbes de jade et retombant à terre à grand fracas d'Icare au soufre d'un écart.

Ech-Chara, c'était aussi un quelque part où chercher chevance, à bon entendeur, au charivari des choses, un lieu d'empoignade où l'on passait se faire sortir (khrojli !) pour régler une discordance, à l'abri d'un tiers pesant et hors de palabres.

Ech-Chara, c'était aussi cette autre part de jactance, une terrasse de sons, de nacre marine, de poussière d'or et de vapeur verte, où chardonnerets et serins et rossignols indécelables s'adonnaient à leur dedans aux modulations d'un instant étincelant à la prunelle de qui perçait de sa présence pour toute la vie à venir.

Ech-Chara, c'était aussi - et c'est - cet autre aujourd'hui où tout est là sans être là, eusse-t-il été là pour d'autres et d'autres, à ce diable de lendemain qui prend pour cible la pupille d'une enfant Chahra qui s'adjoint - ici - à ma logopédie, et dont l'œil, Aïn, darde, lieu-dit, où tout commence à être là, aux bousculures des regards atteints de parousies obscures.

Deux jours à Tigditt

Tigditt, Faucheux d'allure par ses rues, où l'on funambule, par quelque côté qu'on les prenne, vont toutes à la mer, graciles, chaudes, escarpées, sans merci, même si la bourgade semble tourner dos, suivie d'assablement à sa muance d'âme.
Tigditt, écartillée à l'échappade intime, secrète malencontre au glossaire des ôteurs, toute vouée à la mer, où tout va à la mer, car tout va à la mer, diablement affriolante, masure et démesure.
Tigditt, tête-bêche, anémone de mer au cœur bouleversé d'obsolescences et de Souffle, d'avaries et de santé et d'envies figuratives.
Nous voici descendu ici, testacé d'un retour où terrir est terrible, en têt ou découvert, où l'on se double lièvre en se passant sur le dos comme si la proue était en pointe de tout, périssant de posture.
Caravelle de grès, à carène d'écumes médaillée d'anatifes, au crachoir incroyable, aux voiles fatales et à l'œil riboulant à l'ancile des saints, gardiens de tes enceintes, aux gorges camaïeu, au lancer translucide et de cœur incomblable.
Guano jusque-là, on regarde n'ayant garde, guédé de partout, la vieille bourgade qui paraît là, retenue, contrariée, figée dans son élan vers là-bas, comme amollie à ses hammams, terrible Andabate, à l'écorcherie des jours sous sa cape d'iode et d'embruns.
Bâdiya citadine, point de sédentarisation. Un Creuset. Aqua divine. Et les deux masdjid que sont l'Oratoire et l'Habitat. Les puits et les

bains, les coins de négoce, à ce caravansérail d'Allah au triple maraîchage : el Bhar, el Bhâyar, el Bhîra, la mer, les jardins et le champ intime.

Il est d'autres façons d'aborder Tigditt.

On s'y rend ou on y va. En routine ou en visite.

Ou fayot fliquant pour une frappe en vue, devenue édilique.

L'idée reçue étant qu'on y descend. Ou qu'on en sort par Al-Maqçar, dialectisé en Maksar, le Raccourci. Même pour ceux qui y perchent ou pour leurs nichées. Les dockers, les pêcheurs, les gens de mer et de glanes.

On y descend toujours plus bas, indolemment ou en piqué (quand bien même on ne serait, comme on dit, tout bête, des perdreaux de l'année, perdus dans l'aventure.)

Ceux qui filent au fil du vent et ceux qui forent à leur « place » pour se taper un bain (yadorbou 'awma) ou un plongeon (ghatssa).

Et ceux qui processionnent du cimetière aux mausolées, à travers les ficus et les cactus-raquettes, déposer leur obole sous un ciel nonpareil.

Mais aussi, Tigditt, El Qahira, la Victorieuse, de racine trilitère, Q.H.R. forcer, contraindre.

Tigditt, La Macérante, al-maççara, l'ingrédienteuse au mçir, l'art de la saucière. Dans un sens passif, on dit : qouhira al-lahmou, la viande en cuisson exprime son jus. Quant au transitif, acheminé-là, quoiqu'en cocasserie pour ce qu'est devenu ce faubourg, c'est asservir ses passions à la discipline, s'étrécir au suc, à son nécessaire, s'affiner à la justesse. Transpirer de soi. Être en diaphorèse d'âme.

Tigditt en butte à l'étymon, au va-tout du charroi intelligible, dérivant de deux des quatre-vingt-dix-neuf Noms de Dieu : Al-Qahîr, Le Vainqueur, Le Réducteur et AL-Qahhâr, Le Très Puissant, l'Irrésistible.

Tigditt, Faubourg Arabe, Casbah de Mosta, Ghetto aux heures sombres, d'avant et d'après, en descente de la rive droite de l'Aïn Sefra, l'Oued Jaune, est dite aussi Vieille Ville, en contraste avec son appellatif d'origine, même si aujourd'hui elle est atteinte de vétusté et d'avaries sévères.

On lui attribue une appellation berbère que l'étymologie corrige, nourrit, enrichit, nous permettant de fenêtrer à deux vues : arabe et berbère.

Ajdid, mot berbère signifiant « nouveau », anagramme de l'arabe Jâdid, nouveau, qui donne « tâjdid » et « tâjâdoud » renouveau, renouvellement et « moudjâdîd « renouveleur puis « moudjâdâd », renouvelé.

Tigditt, « Ville Nouvelle » autre sens paradoxal pour désigner la « Vieille Ville » avec ses cimetières, voire ses ossuaires et qui compte plusieurs zaouïas et oratoires confidentiels.

Mais encore.

Tigejdit, pluriel Tigejda, perche. Tigelgelt, claie. Tigert, chantier maritime. Tigidda, pluriel Tigaddiwin, tonnelle. Tigdamt, patelle, arapède. Tigiwi, pluriel Tigiwa, l'outre. Tajuttut, pluriel Tijutta, éponge fraîche. Tijuttut, espèce d'algue fine comme les cheveux. Igdi, Ijdi, sable, sablière.

Tous ces mots étruffés et mis en corbeille ici ont un rapport avec la Mer, les Jardins et l'Inclus profane ou sacral. La fresque secrète aux teintes d'éternité parfumée d'impermanence.

Tigditt, sablière – Saillissant de quel saccage – A quelle semence - Occultée de quoi – Occulteuse de qui – Quelle archive séchant ?

Sahélienne ensablée, toi, pliant lieues en un clin d'œil ?

À quelle verge magique, vouant au rebours, infligeant le figement à ton eau rosie, aux Eaux-vives, là ?

Venu de là-bas, de l'autre côté de l'Arc, je me rends Visite ici, après notre éclipse, tel Palétuvier pisté, s'énamourant d'eau, mourant d'un côté, renaissant de l'autre, à ses racines-échasses, cartographiant le territoire du cadastre englouti.

Araignant à l'intemporel. D'immobilité bénie, hanté de Voyage, par pointes imperceptibles au presto du temps, au purgatoire de la langue, à ce bout du monde de soi.

Deux jours à Tigditt.

Nous nous y rendons visite. Millénaire à presque rien. À telle tremperie d'être, d'être là, entier d'attention, saisi de sourdine, de rythmes vitaux, ainsi que l'Arbre-Balise, le Pin-Teritoire, palpitant de temps, en empilement massif, à ses marées mémorielles.

Et peu importe qu'il fut, approché sans gêne, le fugace baliveau, à l'Enfant venant, brioche posée, s'émoustiller à sa base, s'agrandir à ses coches, et déjà Guépard, le Gatto, le Chat, El-QIT d'un Destin où il chaparde au Loisible, serti de ce qu'il devient à la Pourvoirie du Ciel.

Es-Souïqa

ES-Souïqa, la seule Place de Tigditt, Saqâka Allah ! Que Dieu t'abreuve ! Tendre altération de Souqïa, arrosement, irrigation et de Souqiyya, pays arrosé d'eau du verbe Sâqa, arroser, abreuver, donnant Sâqïa, abreuvoir et Sâqy', abreuvement en eau, en miel ou en fiel mais aussi passage d'un sol à l'eau, quand on fait le ménage.
Toujours au jardin d'étymologies : Sawâqî, ruisseaux, canaux d'irrigation. Sâqïya, Sâqa', Sâqî, porteur d'eau, échanson. Sâqaya, porteuse d'eau. Siqaya, eau, source, arrosoir, coupe à boire, aqueduc, citerne. Asqâya, assâqin : outre(s). Asqiya, nuage répandu. Tâssaqî, fourniture d'eau mutuelle.
Es-Souïqa, Turbine d'à demeure où la mer est partout, étagée de jardins et de lieux de prière, alternative aux hammams, à la bascule des lunes et du soleil d'ici qui façonnent le ciel à l'œil, tantôt chargé, tantôt limpide qu'il soit lâché ou à lésine ou sublimement préservé.
Es-Souïqa, sifflant d'insuffisance sous ses tas de légumes, de primeurs et de pêches mortelles, en marinière et bleu shangaï, cœur hélicoïdal à Dieu, l'univers filant, à la visière de Sidi Maâzouz, cimetière de céans, rempli depuis lors et son carré de Tirailleurs, tombés pour Marianne, dans un oubli mémoriel.
Es-Souïqa, point de convergence aux séguias du Signe, aux ruisseaux de l'œil. Etrangement amarrée au Nuage de Djha, laissant ses nippes à ton Clou pour, on ne sait jamais quel tour, s'allant surfaire plus haut, notable soudain, pauvre histrion à ton histoire, agitant son

godet à chaque bonneteau, misant rafle hargneuse à perte d'âme assurée. Le clown ingrat de la Carrière, d'El-Gass'âa et des Trois Frères, oublieux de la roselière qui mène deçà à de-là, où le Schibboleth a sifflé.

Es-Souïqa, parterre de train-train, d'apostrophes, d'esbroufe, par moments de diatribe, de cardage de dos, modéré par un tiers, prenant soin de l'absent et par là de soi-même. Lieu où les « vieux » tuent le temps en charlatanant leur âge en jouant aux dominos, en tapant sur le damier ou en mangeant le jouteur.

Es-Souïqa, vieil abreuvoir évanoui, descente des altérés et des chercheurs d'ombre, de la bête de somme au poseur du Dépôt, en passant par tous les cochers qu'effleura la Jouvence ou même Jouvencel.

Et Souqaïqïa, la cascade ailée, maestro aux sept couleurs, à la tête rouge, sizain ou huitain, Bachir le chardonneret, Rqama de chez nous, appelé Maqnin hors là, au chardon des atavismes, président aux aspersions, comblant chaque cœur, magnifiquement, à son aiguiérée, débarquant tous les banjos, finement léger à l'appareillage d'âme, aux rosées de son syrinx, mouchetures diacritiques de notre Bée au Ciel pur de notre alphabet osseux.

Es-Souïqa, Fontaine Publique, peut-être à jamais perdue, où je vois par moments l'Alezan buveur d'air, ma Résidence ailée, ma verte Cavale au toupet topaze, dévoreuse de lieues, traîner ses rênes jusqu'ici, la selle étant restée au ciel et le Poète à son Endroit, mouillant ses lèvres à l'Ineffable, à moins que je rêve encore de rêver ce que je vis là !

El-Gass'âa : la terrine, petite baie.
Les Trois Frères, noms de trois rochers à Sidi el Mejdoub

Armée de fantômes

On vit, pendant plusieurs jours, une multitude de gens armés à pied et à cheval, allant et venant avec grand bruit et qui se rendaient tous les soirs, à une colline qui semblait être le lieu de leur rendez-vous. Plusieurs personnes du voisinage intriguées, s'approchèrent avec courage mais grande peur en leur demandant ce que voulait dire cette armée et quels étaient leurs desseins. Un des soldats ou fantômes répondit : « Nous ne sommes pas ce que vous imaginez, ni de vains fantômes ni de vrais soldats, nous sommes les esprits de ceux qui ont été tués à cet endroit, dans la dernière bataille. On dit qu'on remarqua, en leur compagnie, plusieurs seigneurs des environs. Puis ils disparurent et on ne les revit jamais. Paraît-il qu'à la date anniversaire de cette bataille, par les nuits de pleine lune on entendrait encore des bruits d'armes et des cris de guerre...

Elina et son mouton

Une gamine et sa maman se promenaient main dans la main quand elles aperçurent un magnifique troupeau de moutons qui descendait dans la rue, accompagné du berger et de son chien. Ce dernier tout occupé de mettre les moutons en ordre et à faire avancer les retardataires. Parmi ces derniers, on remarquait un petit mouton qui semblait isolé. Quel beau petit mouton ! dit la gamine en lui présentant une touffe d'herbes qu'elle venait d'arracher. Que je suis contente ! S'écria-t-elle, le voilà qui mange ! Et le joli mouton blanc la suivait comme un petit chien. Allons ! Allons ! cria le berger, n'écoutez pas ce gourmand. Encore un moment ! dit la petite fille. Mais le berger, trop occupé, fit courir son chien, sur le pauvre mouton. Le petit animal fut si effrayé, qu'il se réfugia près d'Elina. Celle-ci le prit dans ses bras en signe de protection. Maman dit-elle, je le voudrais bien ! Si tu veux, lui répondit sa mère mais il faudrait l'acheter au berger. La maman conclut le marché, à la grande joie d'Elina qui demanda une cordelette au berger afin de conduire le petit mouton en laisse. Le petit animal pour témoigner sa reconnaissance la suivait partout. Il devint un très beau mouton et la gamine une superbe jeune fille.

La pièce d'or et la galette

Ce fut un matin au bord de la Moselle il y a bien longtemps. Pêchant à la ligne, un jeune garçon ramena un gros morceau de tissus. Il s'était pris dans son hameçon, et il allait le rejeter, quand il sentit qu'il contenait quelque chose de dur : un petit coffre avec une pièce d'or dedans. Un morceau de parchemin enveloppait l'or. Il déchiffra tant bien que mal que cette pièce était exceptionnelle, puisqu'elle ne consentait pas à être dépensée. Sinon, la pièce fondait entre les doigts pour revenir ensuite attendre dans son coffre des occasions meilleures… Le gamin ramena en courant sa trouvaille chez lui et sa maman qui à ce moment-là faisait une galette dit que ce serait dommage de la perdre ainsi. À la surprise de tous, l'épaisse galette tourna sur elle-même et retomba parfaitement dans la poêle. La maman surprise lâcha la pièce qui tomba dans la pâte. Il fallut attendre de manger la galette pour la retrouver. Tout le monde en ri bien et ainsi l'habitude fut prise de mettre une pièce d'or ou autre chose dans les galettes…

Le temps qui compte double

Il y avait dans la salle à manger du château une horloge, enfermée dans une boîte de bois précieux, qui reposait sur quatre griffes de bronze doré. Le cœur de cette horloge avait vieilli, et sa voix ne résonnait plus que comme l'écho d'un autre âge. Le marteau frappait sur le timbre avec une sinistre lenteur. Catherine, la jeune princesse, épouse du prince Adémar, écoutait souvent cette sonnerie, le front dans les mains. On voit bien qu'ici les heures sont doubles, disait-elle. Le jeune prince écouta sa jeune épouse, prit une décision et lui déclara « envolons-nous, nous irons tant que nous pourrons, jusqu'où va l'oiseau, jusqu'où luit le soleil, et peut-être finirons-nous par découvrir un endroit où le temps ne compte pas ». Ils partirent le matin même et on ne les revit plus.

Le lutin flammèche

Le lutin flammèche n'apparaît chez nous que les longs soirs d'hiver. Quelques anciens prétendent que Flammèche est né lors de l'incendie d'une forêt très loin d'ici. C'est une sorte de lutin qui aime à se blottir dans les cheminées. Flammèche n'est guère plus gros qu'une souris, il parle quantité de langues et connaît tous les enfants. Il a des ailes qui brillent sous la lune comme des paillettes de cristal. Ses petits yeux flambent sous sa chevelure cendrée. Flammèche est très aimé des enfants car il les fait rire quand il est sûr que les parents ne sont pas là. Il ne tolère que les chats et chiens de la maison. Il raconte des histoires extraordinaires dès que les yeux des enfants commencent à se fermer. Les ronronnements des chats semblent lui donner des ailes et il file dans la nuit comme une étoile filante et si à ce moment un enfant fait un vœu, il se réalise immédiatement.

Gérard Monira

Nouvel amour.

Je l'aurais aimé comme une fête,
Joyeux comme un beau dimanche.
Il sera ma prochaine défaite,
Il sera ma dernière manche.

Amour de dernière saison
Pourquoi viens-tu si tard ?
Viens me jouer sur ta cithare
Ces notes qu'aspire ma raison.

Mon cœur est une pierre noire,
Il renferme tant de chagrins
Qui s'écoulent grain à grain,
Ricoche sur ma mémoire.

Que de cauchemars cette nuit,
Qu'il fut malaisé le chemin
Qui conduit au petit matin
À la douleur qui s'évanouit.

C'est vrai, ton cœur est meurtri,
Blessé par tant de mensonges,
Au vrai bonheur ne songe,
Ne peut entendre mon cri.

Vois, mon cœur qui saigne,
Cette blessure sur mon front
Qui ajoute encore à ma peine
Mine mon corps, très profond.

Cet amour que tu veux taire
Reste pour moi un mystère,
Pourtant je ne veux pas que prendre
Je cherche aussi à comprendre.

Je veux bien ne faire que la moitié de la route
Qu'enfin jamais tu ne doutes
Lorsqu'en moi tu t'abandonnes
C'est aussi tout moi que je te donne.

Premier baiser.

Que de fois n'a-t-on vanté
Le bonheur d'un premier baiser
Sur la plage en été
Grand plaisir, souvent partagé.

Prenant les poètes à revers
Je veux crier au monde
Qu'un baiser même en hiver
Laisse une empreinte profonde.

Qui n'a pas connu
Un amour en décembre
Qui a gardé toutes ses vertus
Pour renaître de ses cendres

Un doux baiser, c'est comme un flocon
Fondant, comme neige blanche
Que l'on garde dans un cocon
Pour nourrir les longs dimanches.

Vous ne voudrez pas me croire
C'est le plus beau, Monsieur Prévert,
Que je garderai en mémoire
Un premier baiser même en hiver.

Au bout du monde...

C'est vrai que la terre est ronde.
Pourtant je n'en ai pas fait le tour
J'aimerais y emmener ma blonde,
Décider du chemin sans détours,
Aller à la rencontre d'indigènes
Vivre quelque temps leur aventure
Et sans aucune gêne
Souhaiter que cela dure.
Traversons ensemble des continents
Et vivons des moments délicieux,
Suis moi ma chérie et maintenant
Dédions nos belles amours aux cieux
Puisque la terre nous appartient.
Mon cœur sera le tien
Nous nous enivrerons
Et comme Galilée, nous dirons
Et pourtant elle tourne...

Que faire avec les mots ?

Je n'ai que très peu de lettres
Et pourtant j'ai besoin d'écrire.
Je vais rassembler tout mon être
Et essayer de vous faire rire.

Avez-vous songé qu'avec des mots
On peut guérir tous les maux,
On peut aussi les maudire,
Sans dire un mot, pire.
Les mots traversent l'esprit
Un bonheur qui n'a pas de prix.

Heureusement qu'ils existent, ces mots.
Grâce à eux, on peut échanger
Connaître chaque jour des gens différents
Des gens sédentaires ou errants

Merci les mots.

Janine Gomez

Hymne aux postérieurs

J'allais bon train
Marchant au matin frais,
Quand je vis soudain,
Devant moi, un postérieur qui souriait,
Au rythme des pas, allant et guilleret,
Les bras, de chaque côté balançaient.

Pas le genre constipé, crispé, non !
Plutôt de celui à se laisser aller.

Les joues bien rebondies,
La fossette crâneuse,
Il commençait sur les hanches,
Pour finir bas, en avalanche.

Des fesses moelleuses,
Confortables,
Qui s'étalent au banc,
Ressemblent à du flanc.

Ce popotin rieur n'a pas son pareil
Pour attirer l'œil, tel un soleil !

Je vous dis, moi qui ai le cul triste
Que c'est une merveille, et j'insiste,
**VIVE LES FESSES RIEUSES
DE CES FEMMES JOYEUSES !**

Le bateau libre

Il arrivera dimanche.
Je l'attendrai sur le quai
Emmitouflée de douceur
Pour l'accueillir de paix
D'amour et sans rancœur

Il a voyagé loin de la terre
Il a oublié ses amarres ;
Il revient encore plus fier
D'avoir pris son quart

Quand enfin il sera là,
Que je foulerai son sol,
Que sa voile ici battra,
Alors, je serai son idole
À sa proue, à son mât !

Aucun bonjour,
Il a tant navigué.
De son parcours
Il revient fatigué

Il repartira c'est certain
Aucune attache ne le retient,
C'est un bateau libre
C'est un bateau libre

La bouteille à la mer

Si vous la voyez
Laissez la flotter.
Elle a mon cœur en papier
En elle, bien pliée.

Elle part à l'aventure
De marées en marées
À petite allure
Pour ne pas casser.

Cette bouteille jetée,
Espoir d'immortalité
Pour mon âme en perdition
En quête d'immersion.

Dans cet océan si grand
Qu'il pourrait la perdre,
Elle surnage sur le néant.

Bouteille à la mer
Sans espoir de retour
Pour toi mon amour.

Agnès Rivière

La pierre messagère

Il était dit de nous revoir
sur le territoire d'été de la dame du lac argenté
Je me suis étendue près des pentes d'herbes douces venant mourir au pied
des algues et des roseaux
Les herbes pleurent des gouttes fraîches au creux
de mes mollets elles s'éveillent chantent comme
les oiseaux des bois
puissant est leur chant, leurs charmes m'attirent

Sous le soleil couchant qui ourle de feu
les nuages venant
me voilà saisissant une pierre dormante
sous les herbes qui s'écartent
La pierre s'éveille de son somme
vibre dans ma paume sous mes mots murmurés

" Depuis le jour où je me suis donnée
toute fleurie est ma destinée
je tremble délicieusement au sourire
charmant du premier jour d'amour
je suis ta dame au cœur de flammes
dont l'âme crie éperdument "

Toi au loin de l'autre rive brandissant
ta bannière d'amour
le regard sautant de l'un à l'autre
fébriles nos yeux s'aspirent sans pouvoir lier nos mains

Me levant frémissante le cœur brisé d'attente
Je lance la pierre elle effiloche la brume sur l'eau sommeillante
ricochant sur l'immensité du lac qui nous sépare
Elle se pose à tes pieds radieuse

Mon émoi ricoche sur le lac mélodieux
mes mots y sont puissants

Ta voix tinte ardemment
" Tes paroles ma douce sont le miel de mon âme
je rêve sous un ciel de féerie
l'âme encore grisée de ton premier baiser

Portraits de nuit

Dans la lumière tremblante d'un matin
tu m'es apparue couronnée de roses
je t'ai vue marcher légère comme un elfe
parsemant le ciel de pétales
dans la nuit que j'effleure
en ma demeure où s'égoutte mon temps
je me nourris de tes portraits petite mère.

Petite larme

Si l'eau de mes yeux devient
d'un gris nuage
qu'elle se couvre de noir camaïeu
c'est ma peine enracinée qui tombe
roulant sur mes pommettes rouges
elle tambourine un vulgaire son de trompette
mal fagotée toute fripée elle sait si bien détruire
Refermant le loquet de ta porte, je me sépare de toi, t'offrant
la plus gracieuse inclination de la tête

Tombe petite larme
Tombe grande peine
Tombe grande haine

Tombe petite larme !
ça sert à rien de se plaindre
Ce n'est qu'un cri
un simple cri si petit
porté par le vent
qui de ses ailes
me ferme les yeux.

Florence Scalabre

Se glisser dans les voix,
Ne pas raconter d'histoire,
Faire de l'essence des chants
Des habits d'être.
Entrer dans le silence,
À l'intérieur essayer de voir,
Épouser cette quête
Jusqu'à plus soif,
Distinguer dans les cœurs
Les subtils battements
Refrain entraînant
D'un quotidien labeur
L'ouvrage sur le métier
Aura tissé des vies.

Avant la vie
De naissance il n'y eut
Et de parents non plus,
Aujourd'hui sans souvenir
La page serait-elle blanche
Écoute petite conscience
Il y a tout un monde ici.

Mamoon

Toi qui fus l'auteur de mes jours
et qui accompagna tous mes chagrins
toi qui a rempli ma vie d'amour,
enrichie, j'ai goûté entre tes mains
la magnifique eau de la contestation
À travers tous tes chants de liberté
entre Brassens et Barbara et tant d'autres constellations
tu as aguerri mon regard voilé
J'esquissais patiemment mon destin
de petite fille curieuse au point qu'à la fin
mon cœur d'enfant s'agrandit
ton regard bleu a inscrit une trace infinie
dans ma mémoire, toi, papa
toi qui depuis que tu es parti
d'une simple négligence, d'un oubli
je suis souvent dans le besoin de toi
parce que tu as su consoler doucement
les peurs et les cauchemars de mon enfance
je t'implore, je te nomme malgré la distance
pour te retrouver sur le chemin, au croisement
de la terre jusqu'aux filantes étoiles
J'ai grandi trop vite et tu es mort trop tôt
Reçois ces quelques lignes, ces mots
ce poème construit comme une cathédrale
au goût d'éternité impalpable
reçois mes humeurs, mes rêves
cette poésie construite comme une symphonie

qui s'inspire du chant de ta vie
dans l'infini de ma nostalgique tendresse
reçois tout mon amour et une messe

Tu es cette couleur qui viendra et reviendra dans ma vie
J'ai rêvé si fort
J'ai tellement aimé
Qu'il ne me reste plus rien.
Que ce contour.
Il me reste d'être ta lumière parmi les ténèbres
D'être cent fois plus colorée que l'arc-en-ciel

Être ou paraître sa muse
au doux paradis de mes fantasmes
Et mon esprit s'amuse
en poétique illusion
Je connais mes fantômes
ils dansent avec mes hallucinations
maîtres de mes royaumes
esclaves de mes orgasmes
Je rêve l'amour comme on se noie
et me résoudre entière à la folie
c'est maintenir mon cœur en joie
pour tournoyer au bal de la vie
Nos corps chimériques en mouvements
me consolent dans un immortel spasme
Miroir de l'autre parfait et bouleversant...

Julie Aimée Debes et Pierre Léoutre

Ma douceur en bandoulière

Il y a des douceurs qu'on peut porter en bandoulière
Un tour du monde moins solitaire
Il y a des tours du monde qu'on peut faire en montgolfière,
Pour apaiser les cœurs de Pierre

Mais il faut bien du courage
Et parfois se casser le nez
Pour affronter tous les orages
De ceux qui n'ont rien demandé

Il y a des fées, des magiciens
Qui portent douceurs en bandoulière
Dévoilent des danses de sentiments
Qui pourraient presque les rendre heureux
Ces Cœurs de Pierre en bandoulière
Qui ne croient rien de si malin
Qui enfouissent leurs sentiments
Et qu'on embrasse malgré eux.

Mais il faut bien du courage
Pour aller se casser le nez
En survolant tous leurs orages
Même s'ils ne nous ont rien demandés.

C'est en chantant toujours à cœur
Que l'on veut voir cette douceur
Prendre parfois à bras-le-corps
Ces hommes ces femmes qu'on croyait morts
C'est juste la peur qui les étreint
Ou la douleur qui leur rappelle

Que la tendresse
n'est pas partout
qu'il vaut mieux
fermer ses yeux
Que d'être blessé parfois par ceux

Qui ne voient pas Qui ne savent pas
Qu'il y a un Cœur qui prit des coups
Ou qui parfois ne reçut rien
Qui aurait pu donner des ailes

Il y a des fées, des magiciens
Qui portent douceurs en bandoulière
Dévoilent des danses de sentiments
Qui pourraient presque les rendre heureux
Ces Cœurs de Pierre en bandoulière
Qui ne croient rien de si malin
Qui enfouissent leurs sentiments
Et qu'on embrasse malgré eux.

Ah l'utopie de la douceur
Qu'on peut porter en bandoulière
Elle fera rire si l'on a peur
Fera plaisir si l'on en rêve

Mais peu importe si ces mots
Et leurs chansons ne vous touchent pas
Ils peuvent bien tomber de haut,
Et peuvent bien se dire tout bas

– Car le courage on l'a encore
– Et malgré toutes nos maladresses
– De tout notre cœur on peut encore
– Malgré les larmes, malgré tes armes

Trouver une place parmi tes pierres
Pour Glisser là toute la tendresse
d'un tour du monde moins solitaire
avec douceur en bandoulière.

Pierre Léoutre

Lorsque tu arrives un jour au sommet de Lectoure
Tu ne sais pas que tu entames une histoire d'amour
Lorsque tu arrives un jour au sommet de Lectoure
Tu trouves un grand amour qui rime avec toujours

Lorsqu'un jour tu décides de faire ton retour
Vers Lectoure, la belle cité si haut perchée
À moins qu'un hasard te mène vers Lectoure
Au gré d'un voyage sans vrai but recherché
Quoi que tu fasses, tu arrives rue nationale
Tu marches lentement au cœur de la ville
Ému par ce paysage phénoménal
Et cette lumière qui fait de Lectoure une île
Un archipel au cœur de la vraie Gascogne
Une pérambulation hors du temps présent
Tel un mousquetaire, œil d'Aigle, jambe de Cigogne,
Tu arpentes les ruelles escarpées, marchant
D'un pas vif, d'un pas lent, au gré du vent qui passe
Et se faufile tout au long des vieilles pierres
Des murs ancestraux qui protègent l'espace
Où se lovent Lectoure et toutes ses prières
Religieuses ou bien païennes, sacrées ou laïques
À l'ombre d'une cathédrale lumineuse
Croyances et incroyances, une mosaïque
À l'ombre d'une cathédrale majestueuse
Des sentiments humains, ô trop humains, humains,
Humains qui vivent et meurent au cœur de Lectoure

Tous ces Lectourois qui savent se tendre la main
Ils sont heureux de leur ville et de ses atours

Lorsque tu arrives un jour au sommet de Lectoure
Tu ne sais pas que tu entames une histoire d'amour
Lorsque tu arrives un jour au sommet de Lectoure
Tu trouves un grand amour qui rime avec toujours

La dureté de ta pierre cache des sentiments si doux
Ton apparence minérale protège une tendresse partagée
Calfeutrée en janvier, épanouie au mois d'août
Une belle ville au patrimoine protégé
Tes solides remparts laissent quelques portes sensibles
Pour qui veut savourer la beauté de Lectoure
L'antique cité sait se rendre accessible
Si tu prends le temps de l'aimer d'un vrai amour
Elle envoie haut dans le ciel ses montgolfières
Et ses melons roulent sous le soleil estival
Elle a oublié ses douves et ses meurtrières
Et elle préfère les eaux de sa station thermale
Pour vivre avec son temps tout en gardant le charme
D'une ville superbe au décor médiéval
Avec une douceur de vivre et sans vacarme
Oui une douceur de vivre proverbiale
Tu vas boire à la terrasse du café des sports
ou bien tu vas jouer aux boules au Bastion
Ce seront toujours pour toi des moments si forts
Que tu deviendras un éternel vagabond
Des rues et des carrelots du cœur de Lectoure

À l'ombre de la statue du maréchal Lannes
Tu auras l'impression d'arpenter pour toujours
La Lectoure sacrée et la Lectoure profane

Lorsque tu arrives un jour au sommet de Lectoure
Tu ne sais pas que tu entames une histoire d'amour
Lorsque tu arrives un jour au sommet de Lectoure
Tu trouves un grand amour qui rime avec toujours

Thierry Jamin

Le départ de Dominique pour toujours

Je l'ai vu, telle une momie, dans ce cercueil

Le nez pincé, les lèvres ouvertes au teint vermeil

Ce fut trop tard et elle ne pouvait plus rien dire

Je me suis pincé j'étais soufflé à m'en maudire

Sa fin était bien sûr sans doute annoncée

Et la maladie avait atteint un stade avancé

Pourtant elle n'avait jusqu'au bout pas renoncé

Mais la lutte fut par trop inégale qui avait affaibli

Son pauvre organisme depuis déjà de longs mois

Elle avait choisi pour en finir un chemin étroit

Et c'est presque seule que son corps s'est raidi

Dans ma mémoire et ma conscience l'éclat de ses yeux

Brille encore, sa tignasse volumineuse et sa douce voix

Nous avons fait un bon bout de chemin nous deux

Mais ce départ qui fut si soudain m'a laissé coi

Plutôt Ko en fait de ne pas avoir cru et vu l'inexorable

Mais elle se tenait à l'écart depuis un moment déjà

Sa vie avait été animée mais n'avait rien d'une fable

Sa fin misérable par certains côtés m'a laissé là

J'aurais bien imaginé l'accompagner encore un moment

Mais pour se dire adieu on n'a pas le choix de l'instant

Confidente amusée et espiègle elle avait un bel optimisme

Se nourrissait de peu mais avait besoin de compagnie

Ne se plaignait jamais de sa condition matérielle

Et savait apprécier chez l'autre la différence

Avait-elle eu une dive errance dans les contrées lointaines

Cela jamais je ne le saurai vraiment sauf à rencontrer

D'autres passeurs de temps et de mémoire conter son histoire

Les belles âmes s'en vont et il nous en reste l'acmé

Les moments partagés, les conversations animées

Un lien fort qui ne peut se distendre ni se rompre

Un torrent de larmes qui se libère soudain

Et le sentiment de l'inachevé

Poésie troublante

La poésie reflet d'un état d'esprit et relais d'une pensée

Nous amène à bien décomposer plutôt qu'à assembler

Des éléments du présent et du passé pour annoncer un futur

Des franges, des bribes, des fragments pour qu'ils durent

Un patchwork alambiqué qui lentement nous distille

Sensations en veine et vaine poursuite d'un semblant de fil

Oh oui automatique on pourrait tirer en rafales courtes

Mais ce n'est pas un plat de composition à la façon d'une tourte

La garniture et la décoration sont indissociablement liées

Il ne s'agit pas au bout d'une épreuve de patience de faire plier

Ni de convaincre à toute fin que la raison est de notre côté

Car n'en déplaise aux mesquins il s'agit d'une sorte de mesclun

Mais les fils ne se laissent pas si facilement dissocier

Chevaleresque, on nous donnerait du panache à la du Guesclin

Mais à chaque fois que l'on souhaiterait ardemment associer

Quelques grands noms de l'histoire ils ne se laissent pas apprivoiser

Il n'y a donc que rarement matière dans ce domaine à pavoiser

Les mots sont comme les roses semées sur les pavés du parvis

Ils sont souvent faits pour être foulés sans même demander le devis

Néanmoins c'est dans le défoulé que scande le défilé qu'avive

Ce que nous essayons d'aller chercher de l'autre côté de la rive

Même si sont atténuées pour un temps les clameurs du temps

Elles reviendront bien assez tôt quand la litière sera fanée

Cela laissera-t-il pour toujours des gens définitivement contents

Ou bien nous incitera-t-il prestement les murs à raser

Serge Soriano

Secrets des cathédrales

La cathédrale d'Auch, belle architecture accomplie est flamboyante.
C'est l'été, quelques gens de la ville, touristes y flânent sur le parvis
et tout autour,
contemplant sculptures, statues
en relief sur les façades ;
entre autres, on distingue
des scènes bibliques de la chrétienté ;
des anges, démons, diablotins, serpents.
Pierres rongées par le temps,
intempéries s'effritent.
Poussière de pierre
Qui vole, se repose au sol, aux alentours.
L'intérieur est éblouissant
par sa luminosité qui brille du haut.
L'autel en bois sculpté est magnifique,
rayons du soleil illuminent
l'ensemble de la construction
et les vitraux aux magnificences couleurs.
Des énormes colonnes en pierre qui s'emboîtent
à la hauteur de la charpente
nous rappellent le génie des compagnons de métiers de l'époque.
Tableaux représentant le Christ, les saints, apôtres
sont d'un ton sombre.
Tout cela dégage une atmosphère baroque, intemporelle…
La lumière qui se libère aussi

est assez féerique.
Comme un astronef
nous télé porterait dans le passé
au temps de la construction,
ou encore plus loin,
avant la crucifixion du Christ.
Jésus de Nazareth penseur, prophète
parlant de paix, amour
à ses fidèles,
marchant vers la terre sainte.
Malheureusement, c'est un rêve éveillé de quelques secondes
qui s'estompe de nos inconscients,
nous revoilà à la vie réelle
où nous sommes en cet instant.

La moto

La moto c'est un cheval au galop
des temps modernes,
un moyen mécanisé, maniable, preste ;
cosy à conduire
qui passe partout,
peut se faufiler à travers les voitures, les camions...
Circuler sur les routes, les chemins
et même les champs, les bois.
Bref, c'est une passion, un amour, comme une femme
on éprouve de la jouissance
dès qu'on l'enfourche.

Je me souviens de l'époque
où j'en avais une
je vadrouillais souvent
à travers la campagne du Gers,
sur les départementales,
jour comme nuit.
Par n'importe quel temps,
vent, pluie, froid ; rien ne me faisait peur.
C'était pareil à une impression d'euphorie, pouvoir
qui me montait à la tête.

Parfois une chouette, une buse
venait à passer devant moi,
frôlant mon casque,
c'était irréel, l'image du japon,

des rônins près d'un château féodal ou un bois,
galopant sur de beaux chevaux ;
de nombreux rapaces survolaient la mort…

Parfois la vitesse m'électrisait,
J'attaquais les virages
penchant un maximum.
Alors une adrénaline envahissait mon cerveau,
à la limite de la folie, du crash…
en roulant plus posément.
À l'origine prudent de dangers quelconques,
d'un accident.

La moto, le rock, les balades étaient grisantes.
Seul ou avec une amie à l'arrière,
d'autres motos de copains.
Merveilleux souvenirs de jeunesse,
tel Bob Dylan, Steve Mac Queen
sur de vieilles motos anglaises, à vive allure.
C'était très rock and roll, liberté
aussi excitant que l'alcool, c'était jump.

Fantôme d'un zazadiste de d'Artagnan,
un pour tous, tous pour moi

Protégeons-nous,
protégeons la nature ;
les herbes, fleurs, ruisseaux sauvages,
haies, mares, arbres, champs.

Arrêtez, arrêtez les dégâts...
Décentrement de la bêtise, du grand capital, du profit,
arrêtez de détruire notre ville, Auch !
Ville de d'Artagnan, ses condisciples, disciples, gueux,
arrêtez de retirer tout du centre ;
hôtels, restaurants, petits commerces, cinémas
pour enrichir ces promoteurs immobiliers véreux,
notables désireux, particuliers étrangers.
Renforçons le patrimoine, jardins publics, trottoirs horizontaux,
beauté architecturale les pierres, vieilles maisons traditionnelles.

Arrêtons déplacer ces sculptures de forgerons contemporains,
édifices modernes médiocres sur tous les bords,
rouillées, exécrables qui enlaidissent nos lieux de flâneries,
quatre en un poteau, chapeaux.
Ils font croire aux citoyens où est la beauté de l'art, art abscons,
vérité de l'artiste plus c'est gros, c'est beau, plus c'est cher.
Cela est un mensonge incommensurable,
Du contemporain oui, pourquoi pas
mais pas n'importe quoi.

Ayons un peu plus de goût dans le choix des œuvres publiques,
à quel prix toutes ces fadaises ?
Dépensons moins pour les artistes côtés, célèbres pas forcément admirables,
qui nous envahissent de leurs laideurs, énormités, médiocrités.

Allez cueillir des artistes plus modestes du coin,
moins chers certainement avec autant de talent
mais placés dans les oubliettes,
par les sots dignitaires, journalistes de la ville,
mettons un frein, balayons ces stupidités vespasiennes niaiser du quotidien.

Arrêtez tous ces ronds points à tours de pelles,
panneaux publicitaires à gogo
zones industrielles à gogo
zone fantômes à gogo
arrêtons les aversions sans raison,
proclamons l'amitié, solidarité, simplicité.

Claudine Candat

Pour chambouler la coutume mais point trop : l'étoile demeure là-haut.

Quand l'année fait peau neuve
Sous le prurit des ans,
Que suintent les humeurs noires
Et les biles amères,
Il n'est meilleur cautère
Que le feu des hivers.

Une étoile se lève
Et nous nous allumons
Une bûche crépite
Et nous nous enflammons

Qu'on n'y croit n'y croit pas
Qui s'y fie, se défie
Et s'en méfier défait
Empêche d'avancer
Jusqu'à l'année prochaine.

Un flocon voltige
Et nous nous envolons
Un oiseau pépie
Et nous nous enchantons

Trinquer jusqu'à l'amer
Saouls de l'alcool des possibles
Qui se mourront sans naître.
Le parfum d'un peut-être
Perdure dans l'armoire de nos vœux impossibles.
Pour maintenir la flamme de l'espoir
Il n'est meilleur soufflet que la voix des poètes.

Une étoile se lève
Et nous nous élevons
Une année s'envole
Et déjà nous volons
Vers le ciel d'autres rêves.

Paulette Cantan-Grison

La vie en résurgence

Le vif-argent de votre beau regard de braise
Détourne le mien de la sépulture grise,
Levant enfin, son voile de démence opalescente et trouble
Qui l'ensevelissait de manière inexorable...

La nuit engloutit ses étoiles dans le noir firmament,
La lune se réfugie dans son rideau macabre.
Le ciel enfouissant son spectacle funèbre
Blanchit, éclaire la scène et me révèle, éblouie, un théâtre clément...

Aveuglée depuis si longtemps,
J'ose m'engager sur une voie déblayée de noires pensées.
J'avance avec prudence, ivre, bouleversée,
Pour redécouvrir le vent, la pluie, le printemps...

Je surprends le chant des oiseaux,
Je discerne le murmure des ruisseaux,
Je mémorise de l'herbe coupée, l'odeur,
Je distingue le parfum délicat des fleurs...

Tout un frémissement de vies,
Tout un chuintement de sensations,
Tout un bourdonnement d'impressions,
Se surenchérissent à l'envi...

RUP...
TURE

Inerte et contractée toute la soirée...

Écouter frémir, cotonneuse,
Avec une stupeur sidérale et infinie,
L'anéantissement de notre vaporeux paradis.

Concentration céleste et sidérée,
Le cœur en bourrasque,
Sentir palpiter cette blessure saugrenue.

Ne pouvoir me détendre, séquestrée par ce cyclone :
La douleur sourde, abyssale, qui fait gémir toute la carcasse...
La tétanie musculaire fâcheuse,
Le grelottement suprême des os,
L'heurt non maîtrisable des dents,
La tornade des nerfs non endiguée...

Soleil épanoui de la solitude...

Agripper du temps, pour m'ausculter,
Dénicher le tourment souffreteux qui me ronge.

Les détails de l'image réveillent et attisent mon mal,
M'engloutissent en un enlacement de cristal,
Polaire et glacial,
Jusqu'au cri astral,

Jusqu'au vide spatial,

Folle, divaguée dans ma peine...

Trois mois pour s'échouer
– Pour façonner cette minute feutrée —,
Ce « déchi
      -rement »...

Ne comprendre,
Ni pardonner,
Ni canaliser.
La haine lancinante et la férocité sublimée débordent de mes yeux
Envie de hurler du fond de mes ténèbres
De tordre, de torturer...

Le mal atroce,
Met un terme aux chimères
Non cicatrisantes
Des maux,
– Des Mots —.

Ne plus me reconnaître... ;

Désir de sacrifier cette liaison spirituelle et embryonnaire.
Évacuer les complaintes de son cœur,
Assécher sa tête des lancinantes lamentations,
Accoucher en hâte d'un arc-en-ciel voilé...

Contempler une borne à l'horizon,
Déceler une limite à l'éternité.

Dans le souvenir égaré de ma mémoire effacé :
Impossible
  De retrouver le fil du réel,
Et de le raccorder
                    À un semblant de vie...

Bleu

Amour-passion d'adolescents, cœurs chavirés
Balayant avec insouciance les études :
Joli rêve BLEU d'un avenir enchanteur...

        Quel facteur déclenchant ?
    Une première gifle, un premier coup de poing...
Les BLEUS de la violence camouflée, apeurée, assommée...
Un jour de grand courage, de ce coléreux dénonce la fureur,
        Aveux amers et douloureux :
        – Gyrophare BLEU —.

ELLE, confidente de ses ecchymoses, stupéfaite, découvre sur la chair meurtrie,
La mémoire de ses BLEUS,
Sur son derme lacéré l'empreinte de ses malheurs ;
Les hématomes de son cœur écoute : compassion atterrée...

    ELLE effleure, la meurtrissure de ses yeux
D'une jonchée suave de pétales de fleurs, délicatement parfumés,
        Arabesque harmonisée avec art...
Pour étreindre, comprimer les frissons douloureux du corps torturé,
        Pour pansements sur l'âme fracassée,
        Elle déploie des étoiles de tendresse,
Étends un soleil de réconfort sur la toile de son ciel triste, pluvieux,
        Qui se colore tout doucement en BLEU...

Amitié ravivée, riche de promesses,

Ébauche tendre de petits gestes…
Deux regards consternés, affolés, deux mains amères tendues,
Deux peaux attirées : deux femmes – amoureuses —.

Malveillance, dégâts des intolérants…
Amour aveugle, recroquevillé, lové dans l'ombre du péché…

Amour cristallisé dans l'espace infini BLEUTE.

Nicole Durand

L'âne du Maroc

Le brave petit animal

Restait immobile

Pour ne pas faire de mal

À l'être fragile...

Débordant de luzerne

L'âne portait les femmes

Aux yeux en berne

Parées de voiles gais.

De douceur il brait

Et ses yeux ont une âme.

Les gouttes d'eau

Sur mon âme tombaient

Les gouttes d'eau de Chopin

Lorsque la pluie chantait

Sur les marronniers du jardin.

Rentrée en moi-même je goûtais

Les souvenirs enfantins

Se tenant par la main

Au temps de la pluie qui tombait.

Le peuple de la nuit

Le peuple de la nuit s'éveille

Et commence sa longue veille.

Le lièvre dans le champ se déploie

La reinette jaillit sous nos pas

Cris et chuchotements m'émerveillent

Cette nuit est sans nulle autre pareille

Un autre monde n'est plus aux abois

Un autre monde parle tout bas.

Bernard Chenin

À Fanny

L'intercession des fleuves

Dans ton cœur infini et maternel
Ressurgissent les fabuleuses enfances
De mondes fidèles et merveilleux
Peuplés de chairs divines

Chante haut et fort
Tes gracieuses larmes
Pour dévoiler tes profonds amours

Le timbre de ta voix
Émue, certes
Se fait juste et sincère
Plein de promesses
Au cœur d'un océan
De sels et de vies

Ta vie coule
Dans le sens ou à contresens
Mais saches

Qu'aujourd'hui
Ce bain tumultueux
De ta vie est…
… À l'intercession
Diablement vivante
… Des fleuves filiaux

Ma rousse Rose

Tu portais le prénom de mon destin
Ta langue était celle de mon âme
Et sur une passion portugaise
Je bâtissais mes poèmes Cariocas

Tes yeux me regardaient au-delà
De cet océan si grand peut-être
Mais dont nos paroles tendres
Naviguaient dans des voiles de roses

Tes cheveux et ta peau de belles rousseurs
Étaient une invitation du beau Printemps
Tes mots m'accueillaient de ton regard
Qui fut un de mes grands rêves Brésiliens

... D'être tout simplement à tes côtés.

Urgentes écritures

Quelques lettres jetées ci lasses et perdues
Manœuvrières sacrifiées à des billes indiscrètes
Gisant du tombeau douloureux de l'entre-épaule
Défoliant les nervures d'une vision intérieure et sacrée

Aujourd'hui d'évidence se perd la plume
A nos pensées jamais revêches
Je reporte sans cesse pour dévoiler le temps des sensibles
Ce sommeil dont je nécessite mais qui fait place à l'éveil.

Une Île aux antipodes

Je hume de rares fois une atmosphère d'antipode
Y fus seulement à la vue et l'ouïe de parfaits témoins
Ne peux m'y résoudre de mon corps en ces espaces
... Je ne me suis jamais quitté en mes voyages

Envie de larmes aux sons de ces menus langages
Je ne me délivrais que pour de menus fumets
Et de fières lampées fumantes au fond de la gorge
Nous nous délivrions rapidement de jolis sobriquets.

Le nouveau Souffle

Sa voix s'allongeait sur le drap, son corps étendu de même sur mes pensées du jour qui viendra, en nos présences, sur les bords de possibles falaises, mains liées. Les cris mauves de crépuscules autonomes, bafoués, mobilisent les nœuds de nos vies dramatiques. Seras-tu la pour ce jour ? Qui le sera ?

Hario Masarotti

Je suis déçu

Texte écrit à la suite de la tentative d'attentat
Au Stade de France, au cours du match amical
France-Allemagne, le 13 novembre 2015.

Je les avais pourtant très bien endoctrinés
Tous les kamikazes de ce treize novembre.
Tous devaient absolument se faire exploser
Entraînant avec eux un grand nombre de membres.

Voilà que les trois postés au Stade de France
Ont actionné leur charge en dehors de l'enceinte.
Se faisant exploser sans aucune assurance
D'avoir bien réussi dedans leur guerre sainte.

S'ils y étaient entrés, au milieu des gradins,
Ils auraient pu tirer et faire un vrai carnage,
Arrosant de balles ces braillards citadins
Qui tous perdent leur temps en vains enfantillages.

Explosant à leur tour, en bons petits soldats,
Ils auraient entraîné de nombreux spectateurs
Peut-être un président, suprême résultat,
Dans un trépas certain, vers Moi, leur Créateur.

Vous m'avez reconnu ; en effet je suis Dieu
Ou, si vous préférez, Allah, le batailleur,
Le magnifique, le conquérant, le merveilleux.
N'admets point d'autre nom, ou bien gare aux malheurs.

Moi, j'essaie de réduire le nombre des humains,
Créatures prolifiques, ne sachant qu'implorer,
Combattre et s'amuser, sans peur du lendemain,
Et puis se reproduire et se multiplier.

…/…

C'est vrai ! Je suis déçu ! J'essaie de les dresser
Les uns contre les autres, en factions bien rivales
Qui s'entre-tuent gaiement. Pour un qui a sauté
Dix, vingt ou cent victimes, rapport très optimal.

Mais là pour deux ou trois, c'est un vrai gaspillage.
Il est vrai qu'en retour, quelques bombes larguées,
Font, parmi les civils, destructions et carnage.
Tous ces morts sont par Moi bien comptabilisés.

Je ne m'en mêle point. Du moins directement.
J'enregistre et c'est tout. Ils viennent compléter
Les résultats fameux des séismes, ouragans,
Inondations, cyclones, incendies par Moi créés.

Je ne les tue pas directement. Notez bien !
Certes, Je pourrai aussi le faire. Pouf ! Dix rayés.
Pouf ! Pouf ! Deux mille effacés. Mais ces citoyens,
Ce sont mes créatures. Je dois les respecter.

S'ils ne se reproduisaient si rapidement.
Je me reposerai. Mais c'est plus amusant
De les faire s'entre-tuer, comme des grands.
Un vrai travail de Dieu unique et bienveillant.

...oooOOOooo...

La mosquée d'Auch brûla

La mosquée d'Auch brûla, crime abominable,
Diront les bien-pensants, cependant que les autres
Applaudissent gaiement, se réjouissant du coup,
Porté aux Musulmans, nouveaux envahisseurs,
Qui, subrepticement, colonisent la France.
Et l'Europe, et le monde, oublieux de Poitiers.

On recherche, bien sûr, les horribles coupables
De l'inique forfait qui fit du bâtiment
Un grand tas de briques et de gravats fumants.
Qui donc peuvent-ils êtres ? Furent-ils inconscients
Ou simplement barbares pour s'attaquer ainsi
À un lieu de prières, saint par définition ?

Un lieu, diront les autres, où des imams rebelles,
Répandent à foison l'idée de reconquête,
L'idée de guerre sainte, de djihad salvateur,
De l'exclusivité du seul culte d'Allah.
Un lieu où l'on apprend à tuer l'infidèle,
À détruire ce qui illustre une autre foi.

Quelque Gascon jaloux de son indépendance
S'est-il laissé aller au très répréhensible
Geste de pyromane, par un soir de cafard ?
Malgré la tradition de grande tolérance
Dont jouit cette province au climat accueillant,
A-t-il d'une allumette fait flamber la mosquée ?

Ou, comme le prétendent quelques écrits divers,
Trop de modération de la part des fidèles,
A-t-elle appelé la dure réaction
De quelques extrémistes farouchement croyants ?
Le temps nous le dira peut-être quelque jour
La loi finira par découvrir l'auteur.

Cédric Despons

Auch,
Cité de la terre, bourg de mes ancêtres

De mon village, je vois l'éminence de ma belle cité
De l'aube, s'épanchent les brumes opalines
La nature s'éveille, dissipant dans mon antre, un vrai conte de fées
Quand je te contemple du haut de ma colline
La cathédrale fière, porte toutes les batailles d'antan ; Un seul vœu
Dans mon cœur brille mille feux
Au soir descend sur toi ; Une reine illuminée
Si belle, tu finis par m'émerveiller.

Dans ton bourg, on y respire encore les vieilles fumées
Nos aïeuls courtisaient souvent ses venelles encore pavées
Étranges, elles s'ouvraient et animaient parfois les beaux marchés
Les places d'oies, festivités et symphonies de la belle haute,
Je sens encore vibrer dans mon âme, les chapeaux haut-de-forme
Et les gentes dames flâner sur les ponts de la basse
Aux jupes flottantes, aux regards de jouvencelles avisés !
Dans les tavernes, des ronds-de-cuir aux aristos, les petites fées vertes
régnaient en princesses.
Et nos ancêtres, de d'Artagnan à la résistance !

Vraiment ma cité. Si éblouissante ! Tu n'en finiras jamais de
m'aveugler

Artifice de la culture, tu me donnes une nostalgie de fierté.

Tableau éphémère de la vie ; Tu resteras gravé dans la terre de mes ancêtres
Où que je parte ; Jamais tu ne tomberas dans l'oubli

Emmanuel Colombel

Voyage

Entends-tu encore cette musique qui nous enivrait de mots et de lumière ?
Dans la ville de tous nos émerveillements,
Nous allions beaux, fiers et désirables
Buvant le vin du Frioul
Et chaque pas était une danse pour l'autre et chaque mot une croyance
Une prière, dis-tu ?
Oui !
Chacun de nos regards était une prière
Quand la ville nous donnait sa lumière.

Ensemble

Serait-ce la pluie ?
Tes doigts dans mes cheveux
Me donnent le jour
C'est la pluie
Sur le toit
Les vitres glacées
Qui frappe et roule
J'ai faim
Tu ris
Tu as peur
Je t'écoute
Très doucement nous sommes ensemble.

Les poètes

Doucement mon gars
Faut pas brusquer quand je rêve.
Les affaires comme les voitures
Peuvent défiler en grande largeur
Ou en nouveaux francs
Moi je m'agrandis la tête, à cheval sur le vent
À rêver d'amour et de fête
Pour les petits vieux comme pour les enfants.
Les serveuses de bistro n'y sont pas, à la fête
Quand les employés modèles, passé midi
Viennent bouffer à l'économie
Et tournent la cuiller dans le café
Comme ils font tourner les jours
Et un nouveau calendrier, chaque année.
Les femmes en course, les maris en affaires
Les enfants à la cantine, les vieux à la retraite,
Et les gagneurs à l'affût.
Qu'est-ce qu'il reste ?
Les poètes
Debout, couchés ou bien endormis
Ils nous regardent et pensent à nous
Ils pensent même pour nous quand cela leur plaît
Ils ne gagnent jamais d'élections
Ils font plutôt collection
De visages, de sourires
De jambes, des yeux
Comme des petits dieux.

Quand ils souffrent ce n'est pas de la frime
Quand ils aiment et qu'ils respirent le bonheur
Non plus
Les poètes rêvent
En entendant hurler leurs gosses
En regardant leur femme vieillir
Ils rêvent d'exister.
Ils sont souvent seuls à rester
Au bord d'incertains parallèles.
Le monde en est plein de ces gens un peu frémissants
Qui se rencontrent et se parlent
Bâtissant des romans
Se heurtant aux miroirs, dans la ville qui se moque
Les poètes
Ils marchent dans leur tête
Et au milieu des rues
Quand nous rêvons de fêtes
Au milieu de nos ruines
Ils sont là où nous ne sommes plus
Là où nous n'osons plus être.

Marie-Andrée Lassagne

Le manège

Un jour au détour d'une allée
J'ai vu un camion de pompiers
Poursuivi par une fusée.
L'autruche voulait les doubler
Mais un vélo l'en empêchait
Un car de police bondé
Essayait de les rattraper
En vain, un cheval le gênait.
Celui-ci feignait d'ignorer
Un cochon rose qui le suivait.
Mais lui n'était pas rassuré :
Une moto voulait l'écraser !
Normal ! Elle était effrayée
Par un gros camion de pompiers.

Et, au milieu de tout ce bourbier,
Un pompon à sa queue accroché,
Mickey voltigeait voltigeait…
Sur le beau manège enchanté !

La Neige

Jour de neige.
Jour de fête !
Comme sur un manège.
Les flocons volettent...

Une fée jette un sort
La nature s'endort
La lumière devient or
Et le silence fait corps.

La campagne sort du temps
Parée de son manteau blanc.
Et les arbres frissonnants
Se mirent au bord de l'étang.

Soudain le village s'éveille.
Les grelots s'animent et s'égayent
Le ciel et la neige s'étreignent,
Les yeux des enfants s'émerveillent !

Jour de neige,
Jour de fête !
Comme sur un manège,
Les flocons volettent.

Les hippopotames

Hier, j'ai vu un monsieur hippopotame
Qui prenait un bain avec sa dame.
Ils se lavaient avec un gant bleu
La tête, le dos et la queue.

Après s'être séchés au soleil
Ils ont dormi d'un profond sommeil
Mais la faim les a réveillés,
Ils sont donc partis fair' le marché

Quand leur estomac fut bien rempli,
Sur une chaise se sont assis.
Madame commença un tricot,
Monsieur prit sa pipe et ses journaux.

Lorsque, enfin ! ils m'ont aperçue
Ils m'ont souhaité la bienvenue.
Très gentiment, ils m'ont invitée
A passer avec eux la soirée

Lou-Anne Bohn

Le reflet de soi

Dans un monde rempli de joie, de foi et de lois,
Existe au fond d'un bois,
Un passage où les sages deviennent rois.
La porte d'entrée est hantée, surtout l'été,
Par de libellules qui pullulent,
Tourmentées par la quantité d'humidité.
Ici est écrit un message à méditer :
« Reflet de glace »
Glisse dans la source,
Le sourcier, quelque peu sorcier,
Non sans se soucier du secret caché.
Face au miroir se retrouve-t-il
Au regard de cette trouble île.
Elle est sous Terre, reine des sous-sols.
Solide comme la roche, il ricoche,
Pour contempler la continuité de sa vérité.
Le crâne aux orteils, le tibia sous l'aisselle,
Il admire le monde à l'envers, bleu et immense.
Écho du ciel,
Le lac aux étoiles brille dans ses yeux.
Et merveilles et trésors
Sont encore sous le décor.
Véritable richesse
Pour qui le verra avec sagesse.
Dans ce monde rempli de joie, de foi et de lois,

Existe au fond d'un bois,
Un passage où vit un roi.
On l'appelle « Mi-roi R »

Transformation

La violence semble n'être

Que l'expression sans émotions,

D'un sentiment redoutablement funeste,

Que porte celui qui retourne sa veste.

Pensez-vous que cela soit faiblesse

De dévoiler sa tristesse ?

En laissant croître la pénombre,

Comment suivre la colombe ?

Le chemin de la lumière

Bien qu'éclairé, sans lueur d'amour sincère

Demeure sombre colère.

Promesse sacrée de vie incarnée,

Prends soin de ne pas la sacrifier

Dans la dualité de l'humanité.

À l'être aimé

Toi, qui réchauffes mon âme,
Souviens-toi, de ce printemps
De vie à Notre Dame,
Avec l'innocence d'antan.
Vois le chemin parcouru,
Savoure le passage
À l'âge adulte survenu
Depuis, sur le rivage.
Toi, qui me remplis de bonheur
Et sublime mon doux cœur
Aux rayons de milles couleurs.
Sens la puissance de cet amour,
Écoute s'accorder nos tambours
Qui chanteront jusqu'au dernier jour.

Revue de presse

Actualité > Grand Sud > Gers > Lectoure

Publié le 26/01/2016 à 03:49, Mis à jour le 26/01/2016 à 08:13

Dissolution et fusion avec «Le 122»
Dialoguer en poésie

Une partie des adhérents de Dialoguer en poésie./Photo DDM, Ysabel.

Une bonne quinzaine de membres de l'association Dialoguer en poésie se sont réunis dans une salle de la mairie, le 21 janvier, en présence de Martine Mazères, conseillère municipale en charge des affaires culturelles, pour assister à l'assemblée générale statutaire. Le bilan moral, présenté par le président Pierre Léoutre, et le bilan financier, présenté par Cécile Mélan, ont été approuvés à l'unanimité. En assemblée générale extraordinaire, il a été décidé la cessation de l'activité de Dialoguer en poésie en tant qu'association autonome et son rattachement à l'association «Le 122», tout en gardant ses spécificités particulières telles qu'elles sont inscrites dans ses statuts. Le bureau de l'association «Le 122» est formé par le président Pierre Léoutre, la trésorière Cécile Mélan et la secrétaire Michèle Argela. Parmi les activités en prévision pour l'année 2016 : des réunions en été et en automne avec écoute de poésies, la réalisation d'un recueil de poèmes d'auteurs locaux, des actions avec les écoles primaires et secondaires, la tenue de réunions dans le cadre d'une liaison avec un jardin ouvert au public et avec d'autres associations culturelles de la ville. Martine Mazères a remercié les adhérents pour leur participation et pour leur volonté de donner une dimension poétique à Lectoure sans toutefois multiplier le nombre des associations.

La Dépêche du Midi

Actualité > Grand Sud > Gers > Lectoure

Publié le 06/12/2015 à 03:54, Mis à jour le 06/12/2015 à 08:02

Séance de Dialoguer en poésie

Nicole Durand lisant des extraits de son ouvrage «Cri d'une payse»./Photo DDM.

Jeudi 26 novembre, dans la salle de l'ancien tribunal, le président de l'association Dialoguer en poésie, Pierre Léoutre, avait invité une poétesse auscitaine, Nicole Durand, à venir présenter son premier recueil de poèmes intitulé «Cri d'une payse». Dans cet ouvrage d'une soixantaine de pages dont elle a lu plusieurs extraits, on trouve tout d'abord, sous la rubrique «Nature», de courts poèmes posés comme les perles d'un joli collier, décrivant divers aspects de la nature gersoise qu'elle connaît bien. Ils étaient suivis par des poèmes de la partie «Remenber», plus nostalgiques, et par ceux, pleins d'émotion, de la partie «Cri d'une payse». Pierre Léoutre avait prévu aussi la lecture de pensées de Woody Allen, drôles et en rupture avec l'atmosphère dramatique des événements actuels, ainsi que des textes de Charles Bukowski, ce qui a fait pour les quelques amateurs de poésie présents un moment de plaisirs multiples où l'on est passé de l'émotion, au rire et de nouveau à l'émotion. Le «Cri d'une payse» est édité par Bod et vendu en librairie au prix de 7 €. On peut aussi se le procurer auprès de l'association Dialoguer en poésie.

La Dépêche du Midi

Actualité > Grand Sud > Gers > Lectoure

Publié le 10/03/2016 à 03:53

Un repas tout en poésie
Dialoguer en poésie

Les convives de Dialoguer en poésie, au restaurant Gaïa, pour célébrer la Journée internationale de la femme./Photo DDM, P. L.

L'harmonie était autant dans les têtes que dans les plats pour ce repas en poésie de la vénérable association lectouroise, qui a rassemblé quelques membres à l'occasion de la Journée internationale de la femme. Lectures de poèmes qui ont célébré l'éternel féminin ont alterné avec une ronde de plats délicieux concoctés par le restaurant Gaïa, 62, rue Nationale à Lectoure. Et qui pouvait mieux que la «déesse primordiale» veiller avec bienveillance sur ce repas, ayant rassemblé les convives au nom de l'amitié et de l'esprit poétique. Dialoguer en poésie va prochainement animer des ateliers d'écriture poétique pour des personnes âgées à la maison de retraite Korian Villa Castera de Castéra-Verduzan, du 15 au 18 mars.

Sera ensuite célébré à Lectoure le 18e Printemps des poètes sur le thème : «Le grand vingtième : d'Apollinaire à Bonnefoy, 100 ans de poésie».

Dialoguer en poésie a reçu de ses adhérents et sympathisants de nombreux poèmes destinés à l'édition de son recueil 2016.

La Dépêche du Midi

Actualité > Grand Sud > Gers > Lectoure > Sorties

Publié le 18/05/2016 à 03:49, Mis à jour le 18/05/2016 à 09:11

Dialoguer en poésie : les prochains rendez-vous
Colloques et conférences
Du 04/06/2016 au 03/07/2016

vendredi 13 janvier, 17:26, Sainte Yvette

Nicole Durand a lu ses poèmes devant les adhérents de Dialoguer en poésie./Photo DDM P. L.

Jeudi 12 mai, de 15 heures à 16 heures, à la salle de l'ancien tribunal de la mairie, Dialoguer en poésie, département autonome de l'association Le 122, a célébré le Printemps des poètes 2016 sur le thème «Le Grand Vingtième, d'Apollinaire à Bonnefoy, 100 ans de poésie». Nicole Durand, membre de Dialoguer en poésie, qui vient de publier trois recueils de poésie («Traces de vie», «Cri d'une paysse» et «Chemin faisant»), a lu plusieurs de ses poèmes avant de répondre aux questions de la dizaine de poètes qui étaient venus l'écouter. Elle a précisé notamment que l'inspiration poétique lui venait pendant les marches qu'elle effectuait. Ensuite, Serge Soriano, Cédric Despons, Hario Masarotti et Pierre Léoutre ont lu des textes ; puis, ce dernier a rappelé le programme des prochaines activités de Dialoguer en poésie : samedi 4 juin, promenade et lecture de poèmes dans le jardin du Grand Chêne de Thérèse et Bernard Hardy à Larroque-Engalin (http ://www.lejardindugrandchene.fr/) ; jeudi 9 juin, à 15 heures, Printemps des poètes avec Cédric Despons, à la salle de l'ancien tribunal de la mairie de Lectoure ; les 30 juin, 1er, 2 et 3 juillet, participation à la lecture de poèmes en langues étrangères organisée par l'association Lectoure à voix haute lors de la 2e édition du festival Rencontres en Lectures (http ://lectoure-voixhaute.fr) ; en août, traditionnelle réunion poétique à la Cerisaie sur la poésie d'Europe de l'Est ; les 29 et 30 octobre, participation au festival Bizarre, à Lectoure

La Dépêche du Midi

Actualité > Grand Sud > Gers > Lectoure

Publié le 21/05/2016 à 03:57

Un livre sur le poète lectourois Hédi Bouraoui

Abderrahman Beggar publie un livre consacré à la poésie d'Hédi Bouraoui./Photo DDM repro P. L.

Abderrahman Beggar enseigne au département de langues et littératures de l'université Wilfrid-Laurier au Canada. Il vient de publier un nouveau livre, intitulé «Histoire et mémoire bouraouiennes I», collection «Essais Mosaïques», CMC Éditions. Cet ouvrage est consacré au poète Hédi Bouraoui, qui a effectué une partie de sa scolarité au lycée Maréchal-Lannes à Lectoure. L'œuvre d'Hédi Bouraoui, axée sur l'universalité de la culture et la nécessité d'un humanisme pluriculturel, avait fait l'objet d'un colloque le 23 mai 2013 à Lectoure, organisé par l'association «Dialoguer en poésie».

La Dépêche du Midi

Actualité › Grand Sud › Gers › Lectoure

Publié le 09/05/2015 à 03:52

Une journée pour s'enrichir auprès de la philosophie

Détente et réflexion au programme./DDM repro.

Le premier Festival de philosophie, organisé par l'association Le 122 et le café-philo, aura lieu demain, à Lectoure, avec un programme conséquent. A 10 h 15, café-philo au café des Sports «A propos de l'humanisme». A 12 h 15, déjeuner au restaurant Le Bastion et poursuite des interventions à partir de 14 h 30, où différents thèmes seront abordés : «Choisir sa vie jusqu'au bout», «Suis-je normal ?» «La philosophie aujourd'hui : que reste-t-il des nouveaux philosophes ?»... Des temps de respiration sont prévus pour alléger le programme, ou réfléchir différemment. A 14 heures, performance de la chorale «Elles en voix», issue de l'association Art vivant. A 16 heures, un court spectacle théâtral, «Le chapon et la poularde», d'après un texte de Voltaire, puis une pièce de théâtre à 18 h 30 à la salle de la Comédie proposée également par la compagnie A pied d'œuvre de Marsolan. «Artémisia, le parcours d'une artiste peintre au XVIIe siècle». Ce sera ensuite le moment poétique avec l'association Dialoguer en poésie, à 19 h 45 au restaurant Le Bastion, lecture de poésies. A partir de 20 h 15, buffet au Bastion avec Pierre Chadelle à la voix et à la guitare, puis Loule. Avec un stand de livres. Entrée libre pour tous.

http ://pierre.leoutre.free.fr/calendrier.html

La Dépêche du Midi

vendredi 13 janvier, 17:25, Sainte Yvette

Actualité › Grand Sud › Gers › Larroque-Engalin

Publié le 13/06/2016 à 03:52

Une promenade poétique au jardin du Grand Chêne

Un moment très poétique au jardin du grand chêne./Photo DDM, P. L.

Samedi 4 juin, dans l'après-midi, des adhérents et amis de Dialoguer en poésie se sont retrouvés dans le jardin extraordinaire de Thérèse et Bernard Hardy. Le ciel clément a permis une douce promenade dans le jardin du Grand Chêne, puis la lecture de beaux poèmes. Un moment bien sympathique apprécié par tous les participants, y compris le jardinier, qui, comme promis, a délaissé quelques instants ses outils pour lire des textes poétiques. Était également présent Georges Courtès, maire de Larroque-Engalin, qui s'est félicité de cette animation dans un lieu emblématique de sa commune.

La Dépêche du Midi

Actualité > Grand Sud > Gers > Lectoure > Sorties

Publié le 23/08/2016 à 03:54, Mis à jour le 23/08/2016 à 09:36

«Regards sur la poésie hongroise»
Culture - Histoire - Dialoguer en poésie

«Regards sur la poésie hongroise»

Dans l'après-midi du 20 août, Dialoguer en poésie, département autonome de l'association «Le 122», a organisé, à la Cerisaie, sa traditionnelle rencontre sur les poètes d'Europe de l'Est. Cette année, le thème retenu était «Regards sur la poésie hongroise». Pierre Léoutre a tout d'abord présenté une conférence de type universitaire sur la poésie en Hongrie, en hommage à Marie-Andrée Ricau-Hernandez qui tenait à la qualité des actions littéraires de Dialoguer en poésie, allant de pair avec un état d'esprit d'ouverture permettant à toutes et à tous d'accéder à la poésie. Il a ensuite lu quelques poèmes hongrois, tout comme Hario Masarotti, avant de confirmer la publication cet automne du prochain recueil collectif de poèmes de l'association, sur lequel travaille une adhérente, Janine-Marie Gomez.

Cet ouvrage comprendra également des hommages à la présidente d'honneur de Dialoguer en poésie.

La Dépêche du Midi

Dialoguer en Poésie
présente

Le samedi 4 juin 2016 à 15 h 00
dans le jardin du grand chêne
de Thérèse et Bernard HARDY à Larroque-Engalin

Promenade Poétique

Pensez à apporter vos poèmes à lire !

Le jardin du Grand Chêne, qui célèbre la beauté de la nature, est ouvert au public tous les jours, de 9 h 30 à 12 heures et de 16 heures à 19 heures, du 1er mai au 31 août. La floraison des rosiers sera à son apogée mi-mai. Le prix de la visite est de 5 €, entièrement reversés à l'ONG Handicap International.
Site web : www.lejardindugrandchene.fr

Association loi 1901 « Le 122 »
mail : pierre.leoutre@gmail.com
Dialoguer en poésie, 15 rue Jules de Sardac 32700 Lectoure - Tél 06 51 08 36 90

Dialoguer en Poésie
présente

Le samedi 20 août 2016 à 17 heures
à la Cerisaie

Entrée libre

Poètes d'Europe de l'Est :

*Regards sur
la poésie hongroise*

Puis lecture de poèmes par tous les adhérents.

Association loi 1901 « Le 122 »
mail : pierre.leoutre@gmail.com
Dialoguer en poésie, 15 rue Jules de Sardac 32700 Lectoure - Tél 06 51 08 36 90

Éditeur : Books on Demand GmbH
12/14, rond-point des Champs Élysées
75008 Paris
www.bod.fr

ISBN : 9782322137763

Dépôt légal : janvier 2017
Réalisation et mise en page :
Janine Marie Gomez & Pierre Léoutre

Photographie de couverture :
Marie-Andrée Ricau-Hernandez

« Dialoguer en Poésie »
département autonome de l'association « Le 122 »
15 rue Jules de Sardac
32700 Lectoure (Gers – France)
http://pierre.leoutre.free.fr/dialoguerenpoesie.html

pierre.leoutre@gmail.com
06 51 08 36 90

Impression : Books on Demand GmbH, Norderstedt, Allemagne